Inhalt

Gaststättengewerbe - endlich im Aufwind

Kernthesen

Beitrag

Fallbeispiele

Zahlen und Fakten

Weiterführende Literatur

Impressum

Gaststättengewerbe - endlich im Aufwind

I.Zeilhofer-Ficker

Kernthesen

- Im Gaststättengewerbe wurde mit 36,9 Milliarden Euro 2011 erstmals seit zehn Jahren wieder mehr Umsatz erzielt als im Vorjahr.
- Auch im ersten Quartal 2012 setzte sich der positive Trend fort - ein nominales Plus von 3,3 Prozent lässt für den Rest des Jahres hoffen.
- Aufreger des Jahres sind die angekündigten neuen GEMA-Gebühren, obwohl viele Kleinbetriebe dadurch künftig sogar weniger zahlen müssen.
- Wirklich problematisch ist für viele Gaststättenbetreiber der akute Mangel an qualifiziertem Personal; die

Auszubildenden-Zahlen gehen zurück, und die Abbrecher-Rate ist eklatant hoch.

Beitrag

Jubel über 2011, Hoffnung für 2012

Ein Wachstum in der Größenordnung wie 2011 - 3,9 Prozent nominal, 2,5 Prozent inflationsbereinigt - hat es schon seit 1994 nicht mehr gegeben. Von Jahr zu Jahr sanken die Umsätze des Gaststättengewerbes, 2011 endlich drehte sich der Trend, und die Wirte erzielten einen Umsatz von 36,9 Milliarden Euro. Allerdings profitierten die speisengeprägten Betriebe mit einem Plus von 4,2 Prozent auf 29,6 Milliarden Euro wesentlich mehr als die getränkegeprägten Kneipen, Clubs und Discos (+ 2,8 Prozent, 7,3 Milliarden Euro). Auch Pachtkantinen und Caterer melden positive Zahlen - auf 5,9 Milliarden Euro summierten sich die Erlöse dieses Bereichs. Vor allem die Event-Caterer melden ein Wachstum von 9,7 Prozent zum Vorjahr. (1), (2), [Abb. 1]

Die gute allgemeine Wirtschaftslage in Deutschland zeigte sich endlich auch in der Gastronomie. Der private Außer-Haus-Konsum wuchs 2011 im Vergleich zum Vorjahr um 3,4 Prozent auf 65,2

Milliarden Euro brutto. Das heißt, dass jeder Bundesbürger im vergangenen Jahr durchschnittlich 796 Euro für Essen außer Haus ausgegeben hat. Da die Besuche pro Kopf nur um 0,2 Prozent auf 138,6 pro Jahr zulegten, gaben die Gäste pro Besuch eindeutig mehr Geld in den Restaurants und Kneipen aus. (3)

Die immer bedenklicher werdende Eurokrise hat in Deutschland bisher nicht zu einem Konsumrückgang geführt. Im ersten Quartal 2012 sind die Zahlen noch positiv. Um 3,3 Prozent waren die Gastronomie-Umsätze höher als im Jahr 2011, die Event-Caterer setzten gar um 10,6 Prozent mehr um als im Vorjahr. Und der Ausblick bleibt weiter positiv. Obwohl viele Wirte für das zweite Halbjahr aufgrund der schlechten Wirtschaftslage im südlichen Europa eine Stagnation erwarten, wird für das Gesamtjahr 2012 auf ein Plus von zwei Prozent gehofft. Durch das schlechte Wetter lief das Sommergeschäft in den Außenbereichen zwar (noch) nicht so gut, das kann sich aber erfahrungsgemäß schnell ändern, wenn der Wettergott endlich mitspielt. Die Gastronomen sind mehrheitlich guter Dinge und erwarten ein mindestens gleich gutes Jahr wie 2011. (2), (4)

Interessant ist ein genauerer Blick auf die 100 größten Gastro-Betriebe in Deutschland, die für ein Umsatzvolumen von fast 12 Milliarden Euro (plus 5,1 Prozent) stehen. Das Quickservice Segment, das 55,9 Prozent dieser Umsätze erzielte, legte um 5,7 Prozent zu, die Verkehrsgastronomen (Anteil 23,7 Prozent) um 3,2 Prozent. Fullservice-Betriebe (Anteil 6,3 Prozent) konnten 7,9 Prozent mehr erlösen, auch die Freizeit-Gastronomen (Anteil: 5,5 Prozent) legten mit 7,7 Prozent ähnlich stark zu. Auch hier sind die Stars die Event-Caterer mit einem Umsatzplus von 10 Prozent. Einzig die Handelsgastronomen mussten Einbußen (-1,3 Prozent) hinnehmen. (3), (6)

Die Trends deuten darauf hin, dass der schnelle Snack am Mittag im Schnellrestaurant oder der Salat in der Raststätte an der Autobahn oder im Flughafen den schnelllebigen, mobilen Menschen unserer Zeit entsprechen. Schnell muss es gehen, trotzdem gesund und qualitativ hochwertig sein, das Mittagessen heutzutage. Oft nimmt man sich für das Abendessen noch schnell etwas vom Chinesen oder Italiener um die Ecke mit nach Hause oder lässt sich gleich die Pizza liefern. Hat man dann am Wochenende endlich Zeit, verwöhnt man sich gerne mit einem Gourmet-Dinner im Sterne-Restaurant, oder man genießt die gemütliche Freiluft-Atmosphäre im nächsten Biergarten. Überhaupt wird die Präsenz im Internet für die Gastronomen wichtiger, vor allem, wenn sie auch zur nach-Hause-Lieferung bereit sind. Aber auch die Reservierung eines Tisches im Lokal wird immer häufiger online getätigt. (3), (4), (17)

Als Arbeitgeber hat die Gastronomie laut Berechnungen des Statistischen Bundesamtes ein hohes Gewicht - fast 1,4 Millionen Menschen verdienen dort ihr tägliches Brot, viele davon im eigenen Betrieb. Die Zahl der abhängig Beschäftigten in den rund 183 000 Gastronomie-Betrieben summiert sich auf 1,03 Millionen für die Gaststätten und 195 000 für die Pachtkantinen und Caterer. 272 000 Arbeitsplätze sind neu entstanden, fast alle allerdings als Teilzeitstellen. Mit über 40 Prozent ist die Teilzeitquote in der Gastronomie außergewöhnlich hoch - in der Gesamtwirtschaft sind nur rund 26 Prozent der Arbeitnehmer in Teilzeit beschäftigt. Auch die Zahl der geringfügig Beschäftigten ist im Gastronomiebereich mit mehr als 21 Prozent doppelt so hoch wie in den anderen Branchen. Rund 50 000 Jugendliche werden zurzeit in Ausbildungsberufen des Gaststättengewerbes ausgebildet. (2), (5), (19)

Die Marktführer

McDonalds bleibt mit 3,195 Milliarden Euro Umsatz und 1 415 Filialen unangefochten Marktführer in Deutschland. Erstmals wurde 2011 die Rekordmarke von einer Milliarde Besuchern geknackt. 2,76 Millionen Gäste pro Tag bedeutete das für McDonalds, die im Durchschnitt je 6,07 Euro bezahlten. Die Mitmach-Aktion "Mein Burger" sowie das umfangreiche Kaffeehaus- und Eisangebot brachte den Burger-Bratern Zuwächse um insgesamt

5,9 Prozent zum Vorjahr. Konzernweit sind die Zahlen aber nicht so positiv - im zweiten Quartal 2012 stagnierte der Umsatz bei 6,9 Milliarden Dollar, der Nettogewinn fiel sogar um vier Prozent auf 1,3 Milliarden Dollar. (3), (6), (7), (8), (9)

Auch an zweiter Stelle steht eine Hamburger-Fabrik - Burger King - mit 790 Millionen Euro Umsatz in 696 Zweigstellen. Der Gesamtkonzern, der traditionell vor allem auf dem amerikanischen Markt aktiv ist, setzte 2,3 Milliarden Dollar um, ein Minus von drei Prozent. In Deutschland dagegen konnte der Umsatz um rund fünf Prozent gesteigert werden. Insgesamt gibt es in Europa "nur" 2 900 Burger-King-Restaurants - in den USA dagegen kann man in 7 500 Lokalen einkaufen. Ein Konzernumbau soll Burger King konkurrenzfähiger machen - im Wachstumsmarkt Asien sind rund eintausend neue Zweigstellen geplant. Außerdem soll die Speisekarte um gesündere und kleinere Speisen sowie um Salate und Kaffeespezialitäten ergänzt werden. Seit Juni 2012 werden die Aktien des Konzerns wieder an der New York Stock Exchange gehandelt. (3), (8), (10), (11)

Auch beim drittgrößten Konzern der Branche geht es rund. Die zur Deutschen Lufthansa gehörenden LSG Sky Chefs haben zwar mit einem Gesamtumsatz von 2,3 Milliarden Euro (in Deutschland: 714 Millionen Euro) und einem Gewinn von 85 Millionen Euro ein positives Ergebnis erzielt, trotzdem denkt man bei der

Lufthansa über einen Verkauf nach. Die Muttergesellschaft muss sparen und will sich auf das Kerngeschäft, zu dem LSG nicht zählt, konzentrieren. Ein Sparprogramm wurde eingeläutet, 985 Stellen (davon 600 in der BRD) und 37 Millionen Euro sollen eingespart werden. Laut Lufthansa gibt es Konkurrenten im Flugzeugcatering, die bis zu 30 Prozent günstiger anbieten können. Finanziell besser stehen die Wettbewerber dieses Segments aber auch nicht da. (3), (8), (12)

Auf den Plätzen 4 und 5 folgen wie auch im Vorjahr Tank & Rast mit 597 Millionen Euro Umsatz und Nordsee mit 301 Millionen Euro. Subway, Aral/Petit Bistro und Ikea sind im Ranking der Top 10 zurückgefallen. An Boden gewonnen hat vor allem der YUM!-Konzern (Kentucky Fried Chicken, Pizza Hut) mit 177,6 Millionen Euro Umsatz auf Platz 7 sowie SSP (Starbucks, Flughafen- und Bahnhofs-Gastronomie) mit 185 Millionen Euro auf Platz 6. (3), (8)

Die "Problemzonen" der Gastronomen

Trotz der guten Umsatz- und Gewinnsituation in ganz Deutschland hadern einige der Kneipenwirte noch immer sehr mit den strengen

Nichtraucherschutzgesetzen im Lande. Die Raucher dagegen scheinen sich mit der Situation abgefunden zu haben und gehen zum Rauchen vor die Tür. Viele Restaurantbesucher genießen so die rauchfreie Umgebung beim Essen außer Haus und honorieren sie mit längeren Verweildauern und höheren Umsätzen pro Bon.

Die umstrittene Hygiene-Ampel soll nach wie vor kommen, verordnet ist sie aber noch nicht. Brachenvertreter lehnen die Hygiene-Ampel nach wie vor ab, da nicht gewährleistet ist, dass eine schlechte Bewertung zeitnah geändert wird, wenn die Missstände abgeschafft sind. Begrüßen würden die Wirte dagegen einen Qualifizierungsnachweis für Neu-Wirte. Denn bisher müssen angehende Gastronomen nur an einem vierstündigen IHK-Kurs ohne anschließende Prüfung teilnehmen und können dann ein Restaurant oder eine Kneipe eröffnen. Vor allem die komplexen Bereiche Hygiene und Lebensmittelrecht, aber auch kaufmännische Betriebsführung und Arbeitsrecht bedürften einer wesentlich ausführlicheren Behandlung. Denn schon im ersten Jahr des Bestehens schlittern regelmäßig 20 bis 25 Prozent der neuen Gastro-Betriebe in die Insolvenz. In Bayern wurde deshalb der Gastro-Management-Pass geschaffen, der durch Teilnahme an ausführlichen Schulungsprogrammen, die alle Problemfelder ansprechen, erworben werden kann.

Allerdings kostet der "Wirtebrief" rund 3 000 Euro. Die damit verbundene Zertifizierung muss alle drei Jahre erneuert werden. Auch aus diversen politischen Kreisen wird ein Sachkundenachweis für Gastronomen nun immer häufiger gefordert. (13), (14)

Auch die Forderung nach weniger Lebensmittelabfällen bewegt die Wirte-Gemüter. Kleinere Portionen sollen sie anbieten, übrig gebliebenes Essen einpacken und mit nach Hause geben, so will es Bundesverbraucherschutzministerin Aigner. Dabei spornen die steigenden Weltmarkpreise für Lebensmittel ohnehin dazu an, die Portionen nicht übermäßig groß zu halten. Schlagzeilen machen diese alltäglichen "Problemchen" aber nicht. Die neue GEMA-Gebührenverordnung dagegen war im Juni in sämtlichen regionalen und überregionalen Blättern zu finden. Dabei hat die GEMA versucht, in ihrer neuen Verordnung dem Wunsch nach einer Vereinfachung der Gebührenregelung nachzukommen. In diesem Zusammenhang wurde auch eine moderate Gebührenerhöhung vorgenommen, die prompt negative Schlagzeilen nach sich zog. Bei genauerem Hinsehen stellt sich der Aufschrei der Empörung aber vor allem als gelungene Pressearbeit der Großclub-Betreiber heraus. Denn abhängig von der Höhe des Eintrittsgeldes, der Quadratmeterzahl und der Dauer einer Veranstaltung fallen bei Großclubs mit

Millionenumsätzen tatsächlich wesentlich höhere GEMA-Gebühren an als bisher. Viele Tausend kleine Musikkneipen, Landdiscos und Kleinveranstaltungen zahlen künftig aber weniger Geld. Deren Lobbyarbeit ist aber leider nicht so gut. (15)

Ob Groß oder Klein - das Gaststättengewerbe leidet an einem Mangel an qualifiziertem Personal. Auch wenn es gerade wieder etwas "schicker" geworden ist, sich als Koch ausbilden zu lassen, so ist generell feststellbar, dass die Zahl der bestehenden sowie der neuen Ausbildungsverhältnisse im Gastgewerbe seit 2007 kontinuierlich sinkt. Ließen sich 2007 noch über 107 000 Jugendliche in Berufen des Gastgewerbes ausbilden, so waren es 2011 nur noch 77 000 - über ein Drittel weniger. Auch die Zahl der neuen Ausbildungsverhältnisse sank im selben Zeitraum um 42 Prozent auf nur noch 32 600. Ein Grund dafür sind sicher die langen, unattraktiven Arbeitszeiten. Auch nimmt es so mancher Ausbilder mit dem Jugendschutzarbeitsgesetz nicht so genau. Über 20 Prozent der Ausbildungsverhältnisse werden deshalb vor dem Berufsabschluss abgebrochen - in anderen Branchen liegt der Durchschnitt von Abbrechern nur bei knapp acht Prozent. Diese Zahlen geben Anlass zur Besorgnis. Denn fehlende AZUBIS heute sind fehlende Fachkräfte morgen. Und schon jetzt muss die Branche mit einem hohen Anteil an un- und angelernten Mitarbeiten zurechtkommen.

Qualifiziertes Führungspersonal ist schon heute kaum noch zu finden. (2), (16), (20)

Fallbeispiele

Das Thema Online-Präsenz wird auch für Wirte immer wichtiger. 95 Prozent aller Gastronomen betreiben schon eine eigene Homepage. Bei rund 60 Prozent davon kann man einen Tisch darüber reservieren. Auch bestellen kann man häufig schon im Internet. Zur Kompensation des ungünstigen Standorts arbeitet die Pizzeria "Da Massimo" in Frankfurt besipielsweise mit der Bestellplattform Lieferando.de zusammen. Dort kann man aus der virtuellen Speisekarte bestellen und bekommt die Speisen umgehend geliefert. Vor allem für Restaurants, die an wenig befahrenen Standorten liegen, ist die Zusammenarbeit mit einem Lieferportal wie auch Lieferservice.de, Lieferheld.de oder Pizza.de eine lohnende Angelegenheit. (4), (17)

Die diversen Franchise-Systeme bieten ihren Neueinsteigern in die Gastro-Szene vielfältige Hilfe, damit es auch klappt mit der Selbstständigkeit. So kann man als Betreiber eines Joeys-Pizza-Restaurants von Wissen und finanzieller Unterstützung des Franchise-Gebers profitieren. Bei Enchilada wird der Betreiber in der Anfangsphase durch einen monatlichen Blick auf die Finanzen und entsprechende Tipps unterstützt. Außerdem durchlaufen neue Partner ein sechsmonatiges Trainee-Programm. (18)

Zahlen & Fakten

Abbildung 1: Umsatz im Gaststättengewerbe in Mrd. Euro

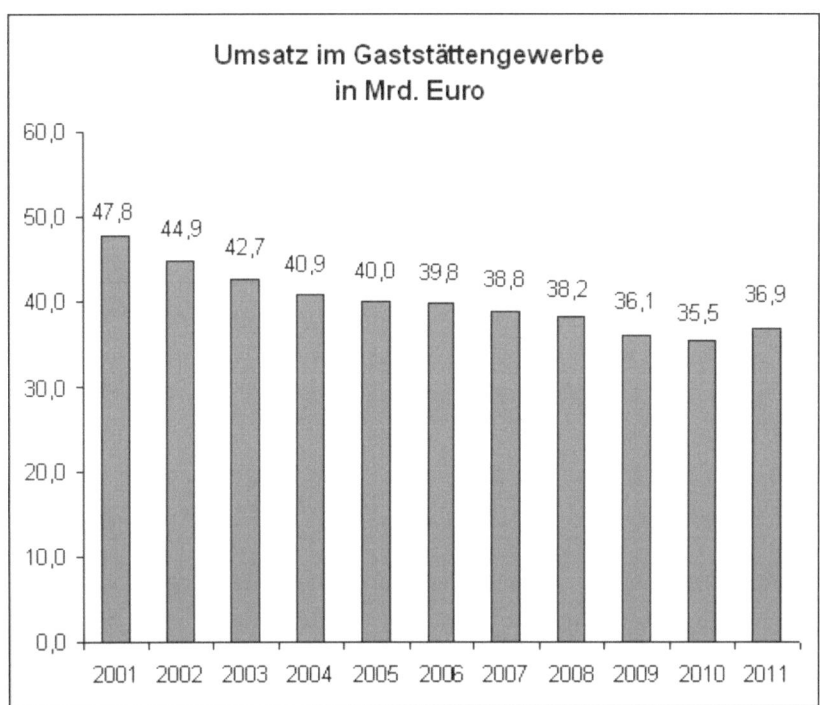

Quelle: DEHOGA Bundesverband, eigene

Berechnungen

Weiterführende Literatur

(1) Das beste Jahr seit 1994
aus Süddeutsche Zeitung, 18.02.2012, Ausgabe Deutschland, S. 26

(2) Umsatzentwicklung im Gastgewerbe 1. Quartal 2012 und Gesamtjahr 2011
aus Süddeutsche Zeitung, 18.02.2012, Ausgabe Deutschland, S. 26

(3) 2011: Spitzenjahrgang trotz Krisenpermanenz
aus Food Service Nr.04 vom 24.04.2012 Seite 020

(4) Gastronomen bleiben zuversichtlich
aus Allgemeine Hotel- und Gastronomie-Zeitung 31 vom 28.07.2012 Seite 009

(5) 617 000
aus Rheinische Post Nr. vom 18.02.2012

(6) Burger-Tempel belegen die vorderen Plätze
aus Lebensmittel Zeitung 10 vom 09.03.2012 Seite 052

(7) McDonald's zählt erstmals eine Milliarde Gäste
aus Berliner Morgenpost online, 14.02.2012, 18:58:00

(8) 2011: Top 10 Gastronomen in Deutschland
aus gv praxis Nr. 04 vom 13.04.2012 Seite 008

(9) McDonald's spürt Abschwächung
aus Frankfurter Allgemeine Zeitung, 24.07.2012, Nr. 170, S. 15

(10) Berggruen bringt Burger King zurück an Börse
aus Frankfurter Allgemeine Zeitung, 05.04.2012, Nr. 82, S. 21

(11) Fast-Food-Ketten auf der Suche nach neuen Ideen
aus Frankfurter Allgemeine Zeitung, 19.07.2012, Nr. 166, S. 17

(12) LSG Sky Chefs nimmt Sparziel der Lufthansa vorweg
aus Frankfurter Allgemeine Zeitung, 31.05.2012, Nr. 125, S. 14

(13) Mehr Herz als Sachverstand
aus SZ Regionalausgabe, 05.11.2011, Ausgabe Bayern Region

(14) Wirte sind für Qualifizierungskurs/
aus Südkurier vom 12.05.2012, Seite 24

(15) Das Lied vom Tod
aus Süddeutsche Zeitung, 30.06.2012, Ausgabe Deutschland, S. 11

(16) Wenn die Ausbildung zum Koch ungenießbar ist
aus Aachener Nachrichten vom 07.05.2012, Seite 3

(17) Das große Fressen

aus Frankfurter Allgemeine Zeitung, 03.04.2012, Nr. 80, S. 15

(18) Selbst ist der Gastronom
aus Food Service Nr. 06 vom 19.06.2012 Seite 086

(19) Wirtschaftsfaktor Gastgewerbe 2011
aus Food Service Nr. 06 vom 19.06.2012 Seite 086

(20) Ausbildungsbilanz des Gastgewerbes 2001 bis 2011
aus Food Service Nr. 06 vom 19.06.2012 Seite 086

Impressum

Gaststättengewerbe - endlich im Aufwind

Bibliografische Information der deutschen Nationalbibliothek

Die Deutsche Nationalbibliothek verzeichnet diese Publikation in der deutschen Nationalbibliografie; detaillierte bibliografische Daten sind im Internet über http://dnb.d-nb.de abrufbar.

ISBN: 978-3-7379-3001-7

© 2015 GBI-Genios Deutsche Wirtschaftsdatenbank GmbH, Freischützstraße 96, 81927 München, www.genios.de

Alle Rechte vorbehalten. Dieses Werk ist einschließlich aller seiner Teile – z.B. Texte, Tabellen und Grafiken - urheberrechtlich geschützt. Jede Verwertung außerhalb der Grenzen des Urheberrechtsgesetzes bedarf der vorherigen Zustimmung des Verlags. Dies gilt insbesondere auch für auszugsweise Nachdrucke, fotomechanische Vervielfältigungen (Fotokopie/Mikroskopie), Übersetzungen, Auswertungen durch Datenbanken oder ähnliche Einrichtungen und die Einspeicherung und Verarbeitung in elektronischen Systemen.